हिम की पर्णकुटी

हिम की पर्णकुटी

HIM KI PARNKUTI

Celebrating 'OYUKIMI' (Snow Viewing) Festival

सम्पादक मंडल

राज बुद्धिराजा
योशिओ तकाकुरा

अनुवादक

राज बुद्धिराजा
तोमोको किकुचि
योशिओ तकाकुरा

वाणी प्रकाशन

वाणी प्रकाशन
4695, 21-ए, दरियागंज, नयी दिल्ली 110 002

शाखा
अशोक राजपथ, पटना 800 004

फ़ोनः +91 11 23273167 फ़ैक्सः +91 11 23275710
www.vaniprakashan.in
vaniprakashan@gmail.com

Him Ki Parnkuti
Edited by Raj Buddhiraja, Yoshio Takakura

ISBN: 978-93-5072-267-1
Poetry

प्रथम संस्करण

मूल्य : ₹125

एस.के.ऑफ़सेट, दिल्ली 110 093 में मुद्रित

वाणी प्रकाशन का लोगो मक़बूल फ़िदा हुसेन की कूची से

Ambassador's Message for
"Oyukimi" Festival and Poetry Session

I am happy to learn that the Indian Council for Japanese Culture (ICJC) is organizing a poetry recital session titled 'Oyukimi' on 23 February 2012, as a commemorative event of the 60th Anniversary of Japan-India Diplomatic Relations being celebrated in India during 2012. It is indeed heartening to see Indian and Japanese poets getting together to recite their poems in celebration of the 'Oyukimi' or snow-viewing festival of Japan.

Dr. Raj Buddhiraja, President of ICJC, is a well-known member of the contemporary Hindi literary world and has been playirig a significant role in promoting Japan-India cultural relations by organizing cultural events such as painting exhibitions, origami classes, poetry sessions, and so on, aimed at popularizing Japanese culture and language in India.

In this milestone year of the 60th anniversary of our diplomatic relations, we hope to share with our Indian friends the various aspects of Japan - both traditional and modern - especially more of contemporary Japanese culture, in the shape of many Japanese cultural events to be presented in New Delhi in 2012. I am sure these collaborative cultural interactions would contribute significantly towards furthering the bilateral relations between Japan and India in a comprehensive manner, and open a new chapter of friendship and cooperation between our two countries.

I take this opportunity to congratulate Dr. Buddhiraja for her initiative, and extend my best wishes for the success of the event.

AKITAKA SAIKI
Ambassador of Japan to India

अनुक्रम　目次

日本語の詩　जापानी कविताएँ

हिन्दी कविताएँ　ヒンディー語の詩

日本語の詩
जापानी कविताएँ

古今和歌集(905年)より雪の短歌

बर्फ़ पर तंका कविताएँ, *कोकिन-वाकाशू* (905 ई.) से

降る雪は　かつぞけぬらし　あしひきの　山のたぎつ瀬　音まさるなり

——読み人知らず

पहाड़ों में बर्फ़ गिरते ही मिट रही है
नदी की आवाज़ और भी बढ़ रही है
—अज्ञात कवि

我が宿は　雪降りしきて　道もなし　踏みわけてとふ　人しなければ

——読み人知らず

बर्फ़ पड़ी, मेरे घर तक की राह नहीं
इसलिए कि आनेवाला कोई नहीं
—अज्ञात कवि

雪降りて　人もかよはぬ　道なれや　あとはかもなく　思ひ消ゆらむ
——凡河内躬恒

बर्फ़ पड़ने से सड़क पर कोई आता-जाता नहीं
मेरा दिल बुझ गया, उसपर कोई निशान नहीं
--ओशिकोचि-नो-मित्सुने

雪降れば　冬ごもりせる　草も木も　春に知られぬ　花ぞ咲きける
——紀貫之

बर्फ़ पड़ी शीत की नींद में डूबे पेड़-पौदों पे
फूल खिल गए जो बहार में भी न मिलते
—कि-नो-त्सुरायुकि

白雪の　ところもわかず　降りしけば　巌にも咲く　花とこそ見れ
——紀秋岑

सफ़ेद बर्फ़ इधर-उधर गिर पड़ी
फूल खिंल उठे पत्थरों पर भी
—कि-नो-अकिमिने

松尾芭蕉の雪の短歌

बर्फ़ की तंका कविताएँ, मात्सुओ बशो

馬をさえ ながむる雪の あしたかな

बर्फ़ की सुबह
घोड़ों को भी देखता रह जाता हूँ

初雪や 水仙の葉の たわむまで

पहली बर्फ़
नरगिस के पत्ते लचक जाएँ

いざ行かん 雪見にころぶ所まで

चलो बर्फ़ देखने
फिसलके गिर जाने तक

冬ながら　空より花の　散りくるは　雲のあなたは　春にやあるらむ
——清原深養父

शीत में गगन से पंखुड़ियाँ गिर आई हैं
बादलों के ऊपर जो बहार आई है
—कियोहारा-नो-हुकायाबु

雪降れば　木ごとに花ぞ　咲きにける　いづれを梅と　わきて折らまし
——紀友則

उमे के हर डाल पे बर्फ़ है पड़ गई
कौन डाल तोड़ ले लूँ, समझ न आई
—कि-नो-तोमोनोरि

童謡 1. 雪祭り

木枯らしの届かない　雪の中穴掘って
子供の雪祭り　もち食って　豆食って
汗ばむほどに　騒ぎ立て
春はまだかと　笛吹けば
踊り出す　雪ウサギ　春をすぐ連れて来い
神様に猫柳　火を囲み　鍋囲み
子供の雪祭り　山おろし逃げてゆく
郵便やさんがやって来た
花の便りはまだですか
風花にキラキラと　春がほら覗いてる

बालगीत 1. बर्फ़ का त्योहार

बर्फ़ में गड्ढे को खोद लेंगे, वहाँ ठंडी हवा का झोंका नहीं आ सकता
बच्चों के बर्फ़ का त्योहार, *मोचि*[1] खाएँगे, दाल खाएँगे
शोर मचाएँगे, पसीने आने तक
वसंत को बुलाने बाँसुरी बजाएँगे
खरगोश नाच उठता है, जल्दी से वसंत को बुलाकर लाओ
देवता और *नेकोयानगि*[2], आग की चारों तरफ़ बैठेंगे, कदाही की चारों तरफ़ बैठेंगे
बच्चों के बर्फ़ का त्योहार, *यामाओरोशि*[3] भाग जाता है
डाकिया आ गया है
फूल की ख़बर लेकर नहीं आया?
हवा और फूलों में चमक रही है, वसंत की झाँकी दिखाने लगी

(अनुवाद : तोमोको किकुचि)

---

[1] मोचि एक जापानी खाना है जो चावल से बना है और केक के रूप में होता है।

[2] नेकोयानगि भिंसू की एक जाति का नाम है।

[3] पहाड़ की ओर से आने वाली हवा को यमाओरोशि कहा जाता है।

童謡 2. ゆきだるまのまほう

ゆきだるまはとけるとき
たったひとつまほうをかけるよ
とけてながれた　そのあとに
きれいなはながさきますように
はるに　はながさいたなら
それは　ゆきだるまのまほう

ゆきだるまはとけるとき
たったひとつ　ねがいごとするよ
とけてながれたそのあとも
たのしい思い出　きえないように
君のむねにいつまでも
それがゆきだるまのねがい

ふゆがだいすきになったなら
それはゆきだるまのおかげ

बालगीत 2. हिमइंसान का जादू

जब हिमइंसान पिघलने लगता है
तब वह सिर्फ़ एक ही जादू कर देता है
जहाँ वह पिघलकर बह जाता है
वहाँ सुंदर फूल खिल जाए
वसंत में अगर फूल खिल जाता है,
वही है हिमइंसान का जादू

जब हिमइंसान पिघलने लगता है
तब वह सिर्फ़ एक ही कामना रखता है
चाहे वह पिघलकर बह जाए
पर आनंदमय स्मृति खो न जाए
सदा तुम्हारे मन में बसे
वही है हिमइंसान की कामना

तुम जाड़े के मौसम को पसंद करने लगे
क्योंकि वही हिमइंसान की आशा थी

(अनुवाद : तोमोको किकुचि)

童謡 3. 雪の降る街を

雪の降る街を　雪の降る街を
思い出だけが　通り過ぎてゆく
雪の降る街を
遠い国から　落ちてくる
この思い出を　この思い出を
いつの日かつつまん
暖かき幸せの　ほほえみ

雪の降る街を　雪の降る街を
足音だけが　追いかけてゆく
雪の降る街を
一人心に　満ちてくる
この哀しみを　この哀しみを
いつの日か　ほぐさん
緑なす春の日の　そよかぜ

雪の降る街を　雪の降る街を
息吹とともに　こみあげてくる
雪の降る街を
誰も分からぬ　わが心
この空しさを　この空しさを
いつの日か　祈らん
新しき光ふる　鐘の音

बालगीत 3. उस शहर में बर्फ़ गिरती है

उस शहर में बर्फ़ गिरता है, उस शहर में बर्फ़ गिरती है
सड़क पर सिर्फ़ स्मृति ही चलती जा रही है
उस शहर में बर्फ़ गिरता है
सुदूर देशों से सफ़र कर बर्फ़ यहाँ आता है
इस स्मृति को , इस स्मृति को
एक दिन मन में समेट लूँगा
आनंदित मुसकान

उस शहर में बर्फ़ गिरता है, उस शहर में बर्फ़ गिरती है
सिर्फ़ पदचाप किसी का पीछा करता जा रहा है
उस शहर में बर्फ़ गिरता है
मेरा एकाकी हृदय भर आ रहा है
इस वेदना को, इस वेदना को
एक दिन मन से निकाल दूँगा
हरे-भरे वसंत का दिन और समीर

उस शहर में बर्फ़ गिरता है, उस शहर में बर्फ़ गिरती है
साँस भरता है और मन भर आता है
उस शहर में बर्फ़ गिरता है
कोई नहीं समझेगा, मेरा मन
इस खोखलेपन को, इस खोखलेपन को
एक दिन प्रार्थना करूँगा
नया प्रकाश गिर आता है, घंटे की टकोर

(अनुवाद : तोमोको किकुचि)

雪景色

平岡達子

空　さわぐ
波　くだけ
雪　ふぶく
風の　海の　うなり
一瞬　視界　ゼロ
真っ白に　包まれて　一人
地の果てに　音を聞く
十三(とさ)の砂山

薄日が　湖面に　すべり
キラキラと　輝く
氷が割れて　岸に打つ
白鳥が　群れて
鋭く　鳴く
しばらくして
キャンバスに　向き合う
琴湖園(きんこえん)の宿

हिम-दर्शन

तत्सुको हिराओका

क्रुद्ध आकाश,
कुपित लहरें
तेज़ हवा हिम को बहा ले जाती,
हवा आर्तनाद करती, समुद्र कराहता,
पल भर को मेरे लिए,
सब कुछ धुँधला हो जाता,
तोसा की पहाड़ियों पर से मुझे
पूरे विश्व की आर्तनाद सुनाई देती।

झील पर पड़ती दुर्बल सूर्य की किरणें,
लहरों को सुनहरी बनाती हैं।
बर्फ़ीले झरने के तट से टकरा कर,
समुद्र में तैरता बर्फ़ भी,
टुकड़ों में बदल जाता है।
यह सब देख बत्तखों का झुण्ड भी
भयभीत हो जाता है।
कुछ समय बाद
मैं 'किनको-एन' के सराय में
अपने कैनवास के पास खड़ी हो जाती हूँ।

(अनुवाद : राज बुद्धिराजा)

東京の雪

柳楽昌宏

日本に戻ってきた
その晩雪が降った
地面にたどり着いて
すぐに消えてしまう
はかない雪だった

きっと人は
その雪のことを
すぐに忘れてしまうだろう

それでも僕にはなぜだか
どうしても忘れることができない

遠い彼の地の
友人のように

तोक्यो की बर्फ़

मासाहिरो नागिरा

जापान लौट आया
उसी रात बर्फ़ गिरी
ज़मीन पर आते ही
मिटने वाली
फ़ानी बर्फ़

कौन याद करेगा
उस बर्फ़ के बारे में
सब भूल जाएँगे

लेकिन मैं न जाने
उसे भुला न पाऊँगा

जैसे कि मैं न भूलँगा
उस दूर दराज़ देश के दोस्तों को

हिन्दी कविताएँ

ヒンディー語の詩

बरफ़

अर्चणा त्रिपाठी

मैंने नहीं देखा हिमालय या आल्प्स,
मैंने नहीं देखी बरफ़ से ठंडी चोटियों की ख़ूबसूरती
मेरा तो बरफ़ से वास्ता बड़ा भयानक है।

पिता के मृत शरीर को लिटाया गया था
बरफ़ की बड़ी बड़ी सिल्लियों पर...
और हमारे आँसुओं के साथ साथ
बहती रही थी बरफ़ की सिल्ली भी।

क्या वह हमारा केवल साथ दे रही थी
या बरफ़ीली होने के बावजूद
हमारे दुःख की .... से
हमारे साथ साथ बह रही थी।

मैं नहीं कह सकती कि बरफ़ हृदयहीन है
उस रात मैंने जाना कि बरफ़
हमारे साथ साथ रोती भी है,
शायद वह हँसती खिलखिलाती भी हो
कौन जाने ?

雪

アルチャナー・トリパーティー

ヒマーラヤもアルプスも見たことはない
雪で覆われた峰々の美しさを見たことはない
私と雪の関係はとても恐ろしいものだ。

父の遺体は雪の大きな大きな
板の上に寝かされた・・・
そして私たちの涙と共に
雪の板も流れて行った。

雪はただ私たちに寄り添ってくれていたのだろうか
それとも雪でありながら
私たちの悲しみの
私たちと共に流れていたのだろうか。

私は、雪は冷酷だとは思わない
あの晩、私は知った
雪が私たちと共に泣くことを
おそらく笑ったりもするのだろう
どうだろう？

बर्फ़

उर्मिल सत्यभूषण

बर्फ़ निखरी है पहाड़ों पर
बर्फ़ बिखरी है चनारों पर
बर्फ़ छितरी है मुँडेरों पर
बर्फ़ उतरी है दीवारों पर

बर्फ़ आँगन में गिरी है आज
अलगनी पर और तारों पर
बर्फ़ छत को घेर कर लेटी
नाचती खिड़की किवाड़ों पर

बर्फ़ सड़कों पर उतर आई
बेशर्म पसरी है कारों पर
बर्फ़ के कपड़े पहन कर पेड़
आज हैं उसके इशारों पर

बर्फ़ झोंपड़ पर है, महलों पर
बर्फ़ कूड़े के अम्बारों पर
बर्फ़ न आये संबंधों में
उतरे न भावों, विचारों पर

雪

ウルミル・サティヤブーシャン

雪が光る　山の上に
雪が散る　プラタナスに
雪が降る　畝に
雪が積もる　壁に

今日、雪が庭に積もった
竿に、紐に
雪は屋根を取り囲んで横たわる
窓や戸で踊っている

雪が道に積もった
車の上に恥じらいなく広がった
雪の布を着た木々
今日は雪の言いなり

雪は小屋に、宮殿に
雪はゴミの山に
雪よ降るな、人間関係に
感情に、思考に

बर्फ़ प्राणों पर न आ धमके
रक्त के तपते शरारों पर
बर्फ़ न आये रवानी पर
और यौवन के अंगारों पर

बर्फ़ से अठखेलियाँ कर लो
मत नचाओ तुम इशारों पर
बर्फ़ के नद पिघल न पायें
जमने दो पर्वत दरादों पर

क्षितिज पर चांदी को रहने दो
फली जो नीले उभारों पर
बर्फ़ बन कर प्रलय न नाचे
ज़िंदगी के आबशारों पर
देवदारों पर, चनारों पर
बर्फ़ अच्छी है पहाड़ों पर

雪よ、命に降るな
血の滴る身体に
雪よ、降るな、情熱に
青春の炎に

雪と戯れよ
指図をするな
氷河が溶けないように
山の上で固まるように

地平線の銀をそのままにしろ
青い膨らみに出来た銀を
洪水が雪とならないように
人生の滝に
スギの上の、プラタナスの上の
山の上の雪が美しい

देश का स्वाभिमान

जितेन्द्र बच्चन

बर्फ़ में अंकुरित होता है जीवन
वादियों में खिल उठता है उपवन
चाँदी सी चादर पर इठलाती हैं तितलियाँ
खिल उठती है कहीं चंपा, कहीं चमेली
और कहीं गुलाब की कलियाँ
सूर्य की सुनहरी किरणों में
चमकने लगता है कण-कण
उनके स्पर्श से सिहर उठता है तन-मन
कारगिल के शहीदों की निशान है बर्फ़
सीमा पर घुसपैठ करने वालों के लिए
मौत का फ़रमान है बर्फ़
इससे ऊँचा है हिमालय का मस्तक
दोस्तों, इसे पिघलने मत देना
देश का स्वाभिमान है बर्फ़।

国の誇り

ジテーンドラ・バッチャン

雪の中から芽生える人生
谷に花咲く森林
白銀の絨毯を舞う蝶々
チャンパーが、チャメーリーが咲き
そしてバラの蕾が揺れる
黄金の日光の中
万物が輝き出す
その愛撫により心身が震え上がる
雪はカールギルの殉死者の形見
越境テロリストたちにとっては
雪は死の宣告
ヒマーラヤの額は遙かに高い
友よ、雪を溶かしてはならない
雪は国の誇りなのだから。

स्वप्निल हिमपात

कुमुद श्रीवास्तव 'कनुप्रिया'

कल्पना के रंगीन पंखों से
उँची उड़ान भर रही थी।
क्षितिज संकेत कर रहा था
निरान्तर ऊँचाईयाँ छूने का ॥
आकाश निमान्त्रण दे रहा था
अपने पास आने के लिए।
दृश्य बदला, पटाक्षेप अनन्तर
पौष माह की ठिठुरती रात ॥
पूर्णिमा की विहँसती चाँदनी
आड़ी-तिरछी, ऊँची नीची ;
चट्टानों को ढके हुए
शुक्ला-अभिसारिका सी !
कैसा मनोहारी दृश्य !
और मेरी बन्द कलम खुली,
सम्मुख पड़े कोरे कागज पर मचलने लगी ---
ऐसे दिलकश नज़ारे को
समेटने के लिए।
एकाएक ही पास की पहाड़ी पर बने
श्रीराम मन्दिर का घंटा

夢幻降雪

クムド・シュリーワースタヴ・カヌプリヤー

色彩豊かな想像力の羽根を羽ばたかせ
空高く飛んでいた。
地平線は無限の高みに触れるように
私を促していた。
空は自分のそばに来るように
私を招いていた。
と、突然光景が変わり、幕が下り、
パウシャ月[4]の凍える夜。
満月の夜の微笑む月光が
ジグザグの、でこぼこの、
峰々を覆っている
シュクラー・アビサーリカー[5]のような！
なんと美しい光景！
そして止まっていた私の筆は動き出し、
目の前にあった白紙の上で踊り始めた―
このような魅惑的な光景を
しまい込むために。
と、突然近くの山の上に建つ
シュリーラーム寺院の鐘が
夜明けのアールティ[6]と共に
カンカンと響き始めた

प्रभात की आरति के साथ
टनटनाता हुआ गूंजने लगा
शंख ध्वनि ने
जागृति का अहसास कराया !
अपने शयन कक्ष के वातायन से
मैंने दूर तक दृष्टि दौड़ाई ।
और यह क्या ?
मुग्धा नवोढ़ा सी पहाड़ी ने
दुग्ध-धवल सितारे टंकी
कपास की साड़ी से
अपना तन-बदन ढकने का
अलसाया सा नखरा किया ।
मैं यन्त्रचालित सी देखती रह गई ॥
हिमपात का यह कैसा
अनोखा चित्रलिखित सा दृश्य !!
मुझे लगा यह कल्पना है
अथवा सत्य !
ऐसे ही मनोहारी हिमपात के
प्राकृतिक दृश्य का आनन्द लेने
लोग दूर दूर से
इन पहाड़ी इलाकों में चले आते हैं
मैदानी यायावरों की यह धमा चौकड़ी
अपने आप में विलक्षण है !
लगता है इन खामोश चट्टानों ने
किसी साधना वश मौनव्रत लिया है।

法螺貝の音により
覚醒を感じた！
寝室の窓から
私は遠くを眺めた。
これは何？
若き新妻のような山が
白乳の星々と縫い合わされ
綿のサーリーで
自分の身体を覆うような
けだるい振る舞いをした。
私は機械のように身動きせず見守った。
降り注ぐ雪のこの
絵のような素晴らしき光景！
これは空想なのか、
それとも現実！
このように美しい降雪の
自然の光景を楽しむために
人々は遠くから
この山岳地帯にやって来る
平地からの旅人たちのこの騒々しさは
それ自体が並外れている！
この静かな峰々は
何か願を掛けて沈黙の行をしているのだろう。
それにもかかわらず、
７音の響きは
とても聞き心地がいいように
降雪の

तथापि ऐसा लगा ---
सप्तसुरों की अनुगूंज जिस प्रकार
अति कर्ण प्रिय होती है
ठीक उसी तरह हिमपात का
यह सुहावना दृश्य भी नयनप्रिय हो जाता है।
रजत राशी का यह मार्मिक हिमपात।
जैसे किसी देवदूत ने
श्वेत काश कुसुमों की सुवास से
प्रकृति को अलंकृत सा कर दिया हो।
पहाड़ों पर निखरी चाँदनी और
हिमपात का यह स्वर्गिक आलिंगन !
कैसा है यह जादुई सम्मोहन !!
जैसे किसी मधुर संगीत ने
स्वप्निल निस्स्पंद क्षणों को
अपने आरोह-अवरोह में
एकाकार कर लिया हो !
धन्य ! धन्य ! यह दैविक हिमपात !
स्वर मार्तण्ड भीमसेन जोशी का
सुरवाल मय स्वर !
कर्णविवरों में सुनाई पड़ा ---
मिले सुर मेरा तुम्हारा !
तो सुर बने हमारा !!

この美しい光景も目に映えるものだ。
白銀のこの感動的な降雪。
まるで神の使いが
クスムの白い息で
自然を飾ったようだ。
山々に映える月光と
降雪のこの神々しい抱擁！
なんとも魔法のような魅惑！
まるで甘い音楽が
夢の停滞した時間を
声の高低によって
取り込んでしまったようだ！
天晴！天晴！この神々しき降雪！
声楽の巨匠ビームセーン・ジョーシーの
神のような声！
耳の中で聞こえて来た・・・
あなたの、私の声よ、合わされ！
私たちの声となれ！！

---

4 12-1月
5 満月の夜に恋人と密会する女性
6 神様を礼拝する儀式

हिम की शांत सुता

राज बुद्धिराजा

तब कोयटा में
भूचाल आया था
धरती काँपी थी
बार-बार त्सुनामि आई थी
मुझे अपने साथ ले गई थी।

कितनी त्सुनामियाँ आई थीं
मेरी आँखों से
पुण्य-प्रसून बहे थे
मैं अपने घर
अपना कुआँ खोदूँगी
यह ऐबटाबाद है
मेरी नानी का गाँव।

माँ मुझे हिम के टीले पर
छोड़ आई थी
एकदम सुरक्षित
हिम के बूरे के लड्डू
गुड़ के साथ खाती थी।

雪の静かなる娘

ラージ・ブッディラージャー

そのときクエッタに
地震が起こった
大地は触れた
何度も何度も津波が来た
私は連れさらわれてしまった。

いくつの津波が来ただろう
私の目から
聖花が流れた
私は家に
自分の井戸を掘る
これはアボッターバード
私の祖母の村。

母は私を雪の丘に
置いて行った
私を守るために
雪の玉を
粗糖と一緒に食べていた。

यह भी एबटाबाद था
मेरी नानी का गाँव
सब एक-दूसरे के प्यासे।
यहाँ गूजर सिंह का किला था,
सब पर मेहरबान
एक कमाता दस खाते।

मैं गाँधी के आज़ाद देश की हूँ
मुझे गुड्डे-गुड़ियों का ब्याह रचाना था
तुलसी का ब्याह भी
घूँघट काढ़े पता नहीं
कहाँ चली गईं
न सुहाग न बन्ने
न विदाई के गीत
पता नहीं कौन कहाँ?

शिमला-सोलन की पहाड़ियाँ
मेरे बिल्कुल पास थीं
बिल्कुल दूर भी
अजिसाई के रंग-बिरंगे पुष्प
लुकन-छिपाई खेलते
वृक्षों के तने के आस-पास
यह मेरे मित्रों का गाँव था।

これもアボッターバードだった
私の祖母の村
皆でお互いを助け合う。
グージャル・スィンの城があった
皆に親切
1 人が稼ぎ、10 人が食べる。

私は自由なガーンディーの国に住む
私は人形を結婚させたかった
トゥルスィーの結婚も
ヴェールで顔を覆って一体
どこへ行ったのだろう
初夜もなく、花婿もなく
別離の歌もなく
一体誰がどこへ？
シムラーやソーランの山々は
私のすぐそばにあった
それらはとても遠くでもあった。
色とりどりのアジサイの花が
隠れん坊をする
木々の幹のそば
これは私の友人たちの村だった。

नीलम आकाश झरता
गा-गा कर मेरे निकट आता
मैं हिम की श्वेत-शांत सुता
स्वच्छ चादर ओढ़े थी
यह मेरा अपना गाँव था
धूल-धुएँ से दूर, बहुत दूर
बिल्कुल अपना।

青い空が落ちて来る
歌を歌いながら私のそばに来る
私は雪の白き静かなる娘
清らかなヴェールをまとっていた。
これは私の村だった
砂埃や煙とは無縁の、全く無縁の
私の村。

पुष्पलता वर्मा की बर्फ़ पर कविताएँ

बर्फ़

कभी देखी नहीं थी बर्फ़
मेरी बहन के बच्चों ने
वे आये उस पर उछले-कूदे
गोले बनाये, खेले-हँसे
धन्यवाद बच्चों!
तुमने पिघला दी
हम सबके बीच की बर्फ़।

बर्फ़

बर्फ़ नहीं जानती कोई
सीमा कोई देश
बर्फ़ नहीं देखती कोई
वस्तु कोई परिवेश
जब गिरती है तो हर
चीज़ को ढक जाती है
जब पिघलती है तो हर
जगह से बह जाती है।

プシュプラター・ヴァルマー女史の雪詩３篇

雪

一度も雪を
見たことがなかった姪たち
雪の上で飛び跳ね
雪玉を作り、遊び笑う
ありがとう、雪よ！
お前は私たち皆の間の
雪を溶かしてくれた。

雪

雪は何も知らない
国境も国も
雪は何も見ていない
物も状況も
降り注ぐと、全ての
物を包み込んでしまう
溶けると、全ての
場所を流れて行く。

बर्फ़ की दो तस्वीरें

ऊपर झबरे बालों जैसे बादल बर्फ़ जैसे
नीचे सफ़ेद बर्फ़ बिल्कुल बादल जैसे
लगता है एक तस्वीर में हाथ मिलाते हैं
दो जुड़वाँ जैसे
अगर ऊपर आसमान साफ़ हो
और नीचे बर्फ़ हो
लगता है उलट दे तस्वीर समन्दर
की कोई जैसे।

2 枚の雪の写真

上ではむく毛のような雲、雪のよう
下では白い雪、全く雲のよう
まるで 1 枚の写真の中で
双子が手をつないでいるよう
もし上の空が晴れ渡り
下に雪があったら
写真を逆さにすることで
海のようになるだろう。

त्सुनामी के बाद

योशिओ तकाकुरा

बर्फ़ पड़ी, बर्फ़ पड़ी वहाँ
जहाँ घर थे
जहाँ शहर थे
जहाँ सुख थे
और जहाँ अब मलबे ही बिखरे हैं

एक रंग हुआ, एक रंग हुआ वहाँ
जहाँ ख़ून बहा था
जहाँ आँसू बहा था
जहाँ सागर बहा था
और जहाँ अब निराशा ही फैली है

सन्नाटा छाया, सन्नाटा छाया वहाँ
जहाँ ज़मीन गर्जी थी
जहाँ चीख़ उठी थी
जहाँ ख़लबली मची थी
और जहाँ अब पुकार गूँजती है

津波の後

高倉嘉男

雪が降った、雪が降った
家があった場所に
町があった場所に
幸せがあった場所に
そして今、瓦礫が散らばる場所に

一色に染まった、一色に染まった
血の流れた場所が
涙の流れた場所が
海の流れた場所が
そして今、絶望の広がる場所が

沈黙が広がった、沈黙が広がった
地が唸った場所に
悲鳴が上がった場所に
騒動が起こった場所に
そして今、呼び声が響いている場所に

ऐ बर्फ़, उतने भयानक प्रलय के बाद
इतना ख़ूबसूरत नज़ारा... क्यों?
सदियों से लिखी गई तस्वीर को
और झटके से मथी गई तस्वीर को
अब कोरा काग़ज़ बना दिया
विनाशों को ढकना चाहती है?
निराशों को पनाह देना चाहती है?
लाशों को दफ़नाना चाहती है?
या फिर नई आगाज़ सिखाती है?

बर्फ़ पड़ी, बर्फ़ पड़ी वहाँ
जहाँ फिर घर बनेंगे
जहाँ फिर शहर बसेंगे
जहाँ फिर सुख खिलेंगे
और जहाँ अब बहार का इंतज़ार है

ああ雪よ、あのような恐ろしい津波の後
このような美しい光景・・・なぜ？
何百年に渡って書かれた絵を
そして一瞬でかき乱された絵を
白紙に戻してしまった
破滅を覆い隠そうとしているのか？
絶望した人々を庇護しようとしているのか？
死人を埋葬しようとしているのか？
それとも新たな始まりを教えているのか？

雪が降った、雪が降った
また家が建つだろう場所に
また町ができるだろう場所に
また幸せが花咲くだろう場所に
そして今、春を待つ場所に

बर्फ़

कुलदीप

हरित और नीलिमा के बीच
ये ऊँची-ऊँची श्वेत चोटियाँ
छूकर जिनको हवाएँ सर्द हो जाती हैं।

कपास के फ़ायों सी गिरती
कितनी सुंदर दिखती है
पर्वत-शिखरों पर जमकर यह बर्फ़
नदियों का स्रोत बन जाती है।

कभी स्वर्णमणि सी चमकें
कभी मन की चाँदी बन जाए
लें मचल-मचलके अंगड़ाइयाँ
तन-मन को सिहरा जाएँ।

जब तापमान शून्य पर आए
सागर में हिम शैल बन जाए
श्वेतांबर यह सागरिका
मन को कितना हर्षाएँ।

雪

クルディープ

緑と青の狭間に
立つ高い高い白峰に
触れて風は冷気を帯びる。

綿のように降り注ぐ
なんと美しい光景か
山頂に積もった雪は
河の源泉となる。

時に金のように輝き
時に銀のように輝く
身体をくねらせ伸びをして
心も体も震えさせる。

気温が氷点下となると
海に氷のショールが敷かれる
白き衣をまとった海は
心を何とも喜ばせる。

विज्ञान के इस युग में
पानी से बर्फ़ बन जाए
भिन्न-भिन्न स्वादों में ढलके
आईसक्रीम कुल्फ़ी बनके
घर-घर में पहुँची जाए।

この科学の時代
水は簡単に氷に変わる
いろいろな味に浸り
アイスクリームやクルフィーになって
家々に届けられる。

हे हिम सुन्दरी

वेद व्यथित

हे हिम सुन्दरी!
विश्व के सर्वोच्च शिखर
कैलाश पर विराजित होकर
पूज्या हो जाती हो तुम
और स्वतः ही कर बद्ध होकर
प्रार्थना प्रस्फुटित होने लगती है
मेरे अन्तस में
क्यों कि शिवत्व सहचरी
होने पर प्राप्त हो जाता है
तुम्हें शिवत्व
परन्तु उच्चता प्राप्त करने पर भी
तुम्हारा ममत्व
अमृत प्रदान करता है हमें।
हे शिव!
सदा सहचरी बनाये रखना
हिम सुन्दरी को
ताकि ममत्व का अमृतमयी निर्झर
सदा प्राप्त होता रहे हमें।

おお、雪美人よ

ヴェード・ヴャティト

おお、雪美人よ！
世界最高峰の頂
カイラーシュ山に鎮座し
崇拝を受ける君よ
私の心では
自然に手が合わさり
祈りを始めてしまう
なぜなら君は
シヴァ神と伴侶となったことで
不死を得たのだ
しかし至高に到達しても
君の母性愛は
我々に甘露を注ぐ。
おおシヴァ！
雪美人を
いつまでも伴侶とするように
母性愛という甘露の滝を
いつまでも得られるように。

बर्फ़ और रिश्ते

सौरभ भारद्वाज

बर्फ़ और रिश्तों की एक सी है तासीर
ऊँचे पहाड़ों पर रुई के फोहों सी गिरती है बर्फ़
नरम झकाझक सफ़ेद बर्फ़
धीरे-धीरे परत दर परत जमती है बर्फ़
पत्थर सी ठोस और ठंडी बर्फ़
मौसम की गर्मी से पिघलती है बर्फ़
पानी और फिर रवानी हो जाती है बर्फ़
झरने से दरिया, दरिया से समंदर हो जाती है बर्फ़
ठीक रिश्तों की तरह...
अहंकार की ऊँचाई पर लोग
एक-दूजे से निभाते हैं सफ़ेद ठंडे बर्फ़ीले रिश्ते
गर्मजोशी मिले तो तरल हो जाते हैं रिश्ते
धरातल पर आते ही और मुखर हो जाते हैं रिश्ते
कभी आँखों से झरते हैं
भावनाओं में बहते हैं
और फिर समंदर से गहराते हैं रिश्ते

雪と人間関係

サウラブ・バールドワージ

雪と人間関係は似た者同士
高い山に綿のように降る雪
柔らかく輝く白い雪
ゆっくり積み重なって固まる雪
岩のように固く冷たい雪
暑い季節になると溶ける雪
水となり流れ落ちる雪
滝から川へ、川から海へと流れる雪
まるで人間関係のように・・・
高慢の高みに達した人々は
お互いに白く冷たい雪のような関係となる
熱い情熱により関係は滑らかとなる
地面に来て関係は明らかになる
時に目から流れ
時に感情に流れ
そして関係は海よりも深くなる

लाल हिम दर्शन (लाल बर्फ़)

पुष्पलता तनेजा

गगन से प्यार
        चंदा को रही निहार
शीतल बयार
        उजली सफ़ेदी
वीरानियों में बहार
        जीवन गति में संचार
न कोई सीमा न दीवार
        सैलानियों का इंतेज़ार
आतंकियों ने किया रंगदार
        कहीं लाल तो कहीं अंगार

赤い雪見

プシュプラター・タネージャー

空を愛し
　　月を見つめる
冷たい風
　　白く輝く
荒野に春を
　　人生に潤いを
国境も壁も
　　旅人たちを待たない
テロリストたちが染めた
　　血の色に、火の色に

हिम

राज लक्ष्मी शिवहरे

भारत माँ का
वह हिमाच्छादित
रूप .... मन को
रोमांचित कर गया।
दूर-दूर तक जहाँ तक
दृष्टि जाती ....
केवल हिम था,
सघन था वह,
मौन था वह
जड़ था वह,
शुभ धवल चोटियाँ
उसकी, जैसे माँ का
उन्नत हो वक्ष स्थल।
पर वह रूप मन को,
और रोमांचित कर गया।
जब वह हुआ तरल,
बह गया .... पावन धरा पर,
बन कर जल की धारा।

雪

ラージ・ラクシュミー・シヴハレー

インドの母の
雪に覆われた
姿・・・心が
洗われるよう。
遙か遠くまで
視界の先まで・・・
雪、雪、雪、
固まっていた
黙っていた
根源だった
吉祥なる白き山頂
まるで母親の
大きな乳房のよう。
しかしその姿は心を
さらに洗い出す。
雪が水となると
流れ出る・・・聖なる大地に
聖なる水の流れとなって。
雪は姿を失うことを
悲しんでいなかった・・・。
雪は姿を失いつつあった。

उसे दुःख नहीं था,
रूप खोने का ....।
वह रूप खो रहा था।
प्यासों की प्यास बुझाने को,
जड़ से वह चेतन बना।
हे मानव! तुम जड़ क्यों?
तुम निर्मम क्यों?
क्यों केवल तुम अपने बारे में तुम सोचो
आओ! प्रकृति से कुछ सीखें
जो हमने पाया वसुंधरा से सबको हम बाँटे ....
तृप्त करें सबको
मीठा सा सोता बनें।
बह जायें पावन धरा पर।

根源から意識となった。
ああ人間よ！お前はなぜ根源なのか？
お前はなぜ無慈悲なのか？
自分のことだけをお前はなぜ考えるのか
さあ！自然から学ぼう
大地から得たものを皆で分け合おう・・・
皆の腹を満たそう
甘い泉となろう。
聖なる大地に流れ出よう。